FLORIAN
SOBETZKO

STILLE
WÖRTCHEN

Für Elisabetta,
Jan Federico
und Anna Laura

FLORIAN
SOBETZKO

STILLE
WÖRTCHEN

VON NULL AUF GOTT
IN 90 SEKUNDEN

HERDER

FREIBURG · BASEL · WIEN

Alle Texte dieses Buches sind entstanden und
vorveröffentlicht als Radioandachten der Reihe
Kirche in 1LIVE im WDR, Abdruck mit freundlicher
Unterstützung des katholischen Rundfunkreferates
NRW, Info: www.kirche-im-wdr.de

Texte S. 60, 74, 92 und 125 ebenfalls veröffentlicht
in: Firmung vernetzt. Die Welt ist nicht genug.
Jugendbuch, hrsg. von K. Vellguth u.a., © 2015,
Kösel Verlag, München, in der Verlagsgruppe
Random House GmbH

MIX
Papier aus verantwor-
tungsvollen Quellen
FSC® C083411

© Verlag Herder GmbH, Freiburg im Breisgau 2017
Alle Rechte vorbehalten
www.herder.de

Gestaltung: wunderlichundweigand, Stefan Weigand
Umschlagmotiv: © Ilya Bolotov/shutterstock.com
Herstellung: CPI Moravia Books, Pohorelice

Printed in the Czech Republic

ISBN Print 978-3-451-37730-3
ISBN E-Book 978-3-451-81177-7

Inhalt

Gott aus der Milchflasche lassen

Freundschaft, Ehe oder Scheidung?

Vorwort

Technologie sollte schön sein – oder unsichtbar. Soll Steve Jobs mal gesagt haben, der ja recht schöne Technologie rausgehauen hat. Beim iPad 3 hieß es dann sogar: Technologie ist am besten, wenn sie unsichtbar ist. Wenn man sich nur der Sache bewusst ist, mit der man beschäftigt ist – und nicht des Gerätes, mit dem man daran arbeitet.

Unsichtbare Theologie in dem Sinne finde ich auch schön. Wenn ich eigentlich nur mit dem Leben beschäftigt bin, das ich gerade lebe, und dabei gar nicht groß über Gott nachdenke, obwohl ohne ihn alles nichts wäre.

Noch schöner finde ich es, wenn Theologie heimlich daherkommt. Wenn man beim Hingucken auf den ersten und auch den zweiten Blick noch sagen würde: Das hat ja nun wohl mit Gott und Glauben gar nichts zu tun. Und beim dritten Hinsehen merkt, dass da gerade das komplette Sonntagsevangelium dargeboten wird an der Aldikasse, zwischen den Espressotassengriffen meiner römischen Schwiegermutter oder beim Einkaufeinladen neben mies geparkten Geländewagen.

Das ist gelegentlich keine schöne Theologie in dem Sinne, dass es da nur um kluge Reflexionen auf metaphysischen Höhenflügen ginge, wo schöne neue Worte für schöne alte Worte zu finden wären. Die Theologie, die ich meine, macht sich auch mal die Schuhe dreckig. Die Theologie, die ich meine, ist gelegentlich verblüffend und sogar unangenehm simpel. Manchmal zum Weinen, auch lustig oder sogar lächerlich. Und wie angedeutet: Das ist keine Theologie, die wir als Theologen irgendwo hinbringen und mit ernstem Blick verkünden. Sie ist schon da draußen und wir entdecken sie.

Eigentlich wollte ich jetzt noch die Kurve dahin kriegen, dass ich die Welt besser hinterlassen möchte, als ich sie vorgefunden habe, und dass das mit so 'nem Buch wie diesem hier sogar auf dem stillen Örtchen gehen sollte, so von wegen »christlich aufs Klo« und so (siehe Seite 14). Im Essener Generalvikariat hängt der Beitrag zu dem Thema ja sogar irgendwo auf dem Damen-WC, seitdem ist es da immer sauber. Echt jetzt. Aber eigentlich, ja eigentlich ist es genau umgekehrt: Ständig finde ich die Welt besser vor, als ich sie hinterlassen hatte. Und das wäre dann wirklich schöne Theologie in dem Sinne, dass ich die Welt schön hinterlassen will, weil schön eben schön ist. Vielleicht ist es das dann auch mit dem komischen Technologie-Theologie-Vergleich. Theologie braucht von mir aus nicht unbedingt schön zu sein oder unsichtbar, aber wirksam wäre wichtig. Nicht in jedem Detail jedes wissenschaftlichen Fachartikels. Aber da, wo ich mich als Theologe dem Radiohörer zumute, da sollte das in Form und Inhalt so passieren, dass die da draußen kein Mitleid oder Fremdschämgefühle kriegen, sondern dass sie Lust bekommen, die Welt besser vorzufinden, als sie sie hinterlassen hatten.

Oder umgekehrt.

Florian Sobetzko, Aachen

Christlich in der Küche,

an der Kasse -
und auf dem Klo

Christlich aufs Klo

Ein weiser Freund von mir sagt: Wie christlich ich bin, das entscheidet sich auf dem Klo. Das ist zwar kein so schönes Thema, aber Hand aufs Herz: Wie glaubwürdig fändest du jemanden, der von Nächstenliebe redet, in der Seminarpause aber das Klo so hinterlässt, dass das niemand mehr benutzen will?

Und jetzt kommt's: Was ich an dem Beispiel so extrem stark finde, ist die Tatsache, dass das jeder mit sich selbst ausmachen muss – denn man kann's ja kaum kontrollieren. Hier geht es also gar nicht darum, über andere zu urteilen. Hier geht es einzig und allein um mich. Oder – wenn du die Frage abkannst – um dich.

Machst du vorne raus einen auf nett und Freund und guter Kollege und lässt hinten die Sau raus? Oder meinst du es auch in den kleinen Dingen des Alltags ernst und hinterlässt die Orte und Örtchen so, wie du sie vorfinden willst?

Man muss nicht groß rumchristeln, um für so was aufmerksam zu sein. Aber es ist schon echt ein Kriterium. Schließlich geht es hier um niemand anders als den Nächsten.

Scheiße parken

Kennst du das: Du suchst nach einem Parkplatz und dann steht da so' n Vollpfosten ganz leger auf anderthalb bis zwei Parkplätzen? Könnt ich ausrasten, vor allem wenn das dann auch noch ein Riesen-SUV von irgend'nem Wohlstandstypen ist, der für seine breite Karre den doppelten Platz braucht und die knappe Ressource Parkfläche ganz alleine aufsaugt. Jedes Mal, wenn mir das passiert, nehme ich mir vor, mir solche »Sie parken scheiße«-Zettel zu drucken und die demnächst dabeizuhaben.

Dummerweise bin ich so ein Kirchentyp und muss jetzt gleich dran denken, dass wir in Europa auch irgendwie scheiße parken – zumindest aus der Sicht von Flüchtlingen, die wegen Krieg, Folter oder Hunger – lass das Radio an, ich will das hören! – die wegen Krieg, Folter oder Hunger ihre Heimat verlassen müssen. Und wenn sie nicht im Meer ersoffen sind, dann stellen sie bald fest: In Europa gibt es keinen Platz. Den brauchen wir für uns, und zwar komplett – keine Lust, irgendso 'ne olle Kombitür in meine Metalliclackierung zu kriegen, wenn hier alle so eng neben'ander stehen.

3-2-1-Gott

Wenn ich es richtig verstanden habe, dann ist es doch mit eBay-Versteigerungen so, dass der Gewinner erst in den letzten Sekunden einer Auktion feststeht, oder? Ich kann tagelang um die Wette bieten, aber wenn ich am Ende nicht dabei bin, am Rechner oder am Smartphone, oder wenn ich einfach zu wenig biete, dann krieg ich nichts.

Trotzdem stelle ich fest, dass bei den Auktionen, die mich interessieren, irgendwelche Leute immer schon Tage vor Ablauf der Zeit den Preis in die Höhe treiben, was ich einfach nicht kapieren will. Klar, als Verkäufer freue ich mich über so etwas, aber ich rufe doch auch nicht vor dem Tanken bei Aral oder Shell an und teile mit, dass ich gleich komme und sie die Preise ruhig was hochsetzen können, weil ich heute nicht aufs Geld achten will. »Sie sind derzeit der Höchstbietende.« Aaaah, das fühlt sich gut an – und zack, fünf Minuten später, bietet jemand ein paar Cent mehr: Der Artikel kostet jetzt 27,83 Euro oder so, und bumm: »Sie wurden leider überboten.« Mein Fazit: Ich biete erst in den letzten zwanzig Sekunden und gebe mich vorher unauffällig ...

Mit der Dreizwoeins-Situation meines Lebensendes versuch ich das allerdings völlig anders: Hier wäre es ja wohl echt hart, immer nur auf den letzten Moment zu warten. Leben tue ich lieber jetzt und investiere meine Zeit, meine Liebe, meine Freundschaft möglichst umgehend. Das sollte man nicht vor sich herschieben. Denn man weiß ja nie, ob der Verkäufer die Auktion nicht vorzeitig abbricht. Da soll er lieber gleich checken, was mir die Sache wert ist.

Wir öffnen Kasse 3 für Sie

Nervt mich sehr: Ich stehe in einer viel zu langen Schlange an der Kasse, es geht nicht voran und ich habe erst sieben von achtzehn Metern geschafft. Von hinten ruft jemand den Klassiker: »Sie können auch schon mal bei Kasse soundso ...«

... und du kennst es: Dann kommt dieser Gong und das »Liebe Kunden, wir öffnen Kasse 3 für Sie« und auf einmal sind die Leute, die sich eben noch unauffällig am Gemüse herumdrückten, zusammen mit denen, die gerade noch fünf Meter hinter mir waren GANZ VORNE AN DER KASSE. Das hasse ich. Und wir Doofen in der Mitte nicken uns wissend und verschworen zu, von wegen: »Ja, ja, diese Vordrängler ...«

Wenn ich so gestresst wie heute in der Kassenschlangenmitte stehe, dann hab' ich mit denen keine Gnade, keine Freude und mich interessiert auch kein »Die Letzen werden die Ersten sein«. Dann könnt ich nur kotzen.

Die Wahrheit aber ist: Eigentlich bin ich auch Kassenschlangen-Abkürzer und gehe gerne diskret an den Wartenden vorbei zu den Impulsangeboten, um dann im richtigen Moment »zufällig« gerade da zu sein und das Kassenrennen zu gewinnen. Nach der Devise: Schnell, bevor die Egoisten kommen!

So, und jetzt Gott und die Letzten und die Ersten und die Bibel? Die lassen wir jetzt einfach mal in der Hotelschublade, und ich sag mir: Eigentlich ist das alles ziemlich lustig da an der Kasse, wenn man es einfach mit Humor nimmt und nicht so bibelernst. Hand auf's Herz: Wenn ich so ungefrühstückt bin, dass mich der Kassensprint nervt, ist das vermutlich keine Frage der Moral, sondern mein Problem.

In den kleinen Dingen großzügig, in den großen Dingen kleinlich – so würde ich das gerne hinkriegen.

Rotgeld-Opi

Supermarktkasse bei Aldi, wie immer ist meine Schlange die langsamste, obwohl die hier echt schnell sind. Der Grund ist auch mal wieder typisch: Irgendso 'n Opi hält der Kassiererin sein ausgeleiertes Portemonnaie hin, und jetzt wird da Rotgeld gezählt und gestapelt.

Ich bin in Eile und frage mich, warum der nicht per Karte oder mit 'nem Schein zahlt. Ich fand das schon immer befremdlich, wie man anderen Leuten so sein Portemonnaie hinhalten kann. Für die muss das doch auch fies sein, da so drin rumzufriemeln – und bei uns hier hinten steigt der Blutdruck ...

Ein Hoch auf die Heiligen des Alltags! Ein Hoch auf die Kassiererin, die das geduldig mitmacht und nicht verächtlich und nicht ironisch wird, obwohl sie's bestimmt auch nicht super findet. Denn der alte Herr findet's bestimmt auch nicht super. Vermutlich sieht er nicht mehr so gut und hat aus Scham überall nur mit Papiergeld gezahlt und jetzt die Tasche voller Wechselgeld. Das mit der EC-Karte klappt auch nicht, weil die Geheimzahl schon wieder weg ist. Und er stand sicher früher auch hinten in der Schlange und musste warten, weil vorne mal wieder irgend so ein Opi ...

Und ich muss dran denken, dass das mein Opa sein könnte oder demnächst auch meine Eltern oder irgendwann ich selbst. Jetzt könnte ich die Kassiererin umarmen. Ein Hoch auf alle Kassiererinnen und Kassierer, die so etwas machen. Ein Hoch!

Abräumen wär mir lieber

Letztens saß ich mit vollem Bauch am Mittagstisch und musste etwas ironisch an – Theologe eben – einen Satzfetzen aus der Bibel denken. Psalm 23 ist dieser bekannte Text aus der Bibel, der mit dem »Der Herr ist mein Hirte, nichts wird mir fehlen«. Den beten Christen wie Juden vor allem dann, wenn Sachen fehlen oder in Gefahr sind, zum Beispiel in Kriegszeiten oder bei Beerdigungen.

Bei meinem Mittagessen war das jetzt aber eher nicht der Fall. Deshalb schwirrte mir vor allem ein Satzfetzen aus dem Psalm im Kopf herum: »Du deckst mir den Tisch« – und dass mir jetzt eigentlich lieber wäre, er würde hier mal den Tisch für mich abdecken und die Spülmaschine einräumen, damit ich faul sitzen bleiben und den vollen Bauch genießen kann. Aber so ist er nicht. Gott arbeitet hier nicht als Immer-für-mich-da-Lakai.

Dass der unseren Dreck wegräumt, damit wir satt und blöd rumdämmern können, das steht nirgendwo geschrieben. Eher wird's ja wohl so sein, dass der sich denkt, dass so eine Couch-Potato wie ich mal den Hintern hochkriegen sollte, um

ein paar Menschen in echter Not den Tisch zu de-
cken, in seinem Auftrag und Namen. Muss auch
nicht gleich in finsteren Schluchten mit Feinden
und viel Unheil sein, darf gerne klein anfangen –
von mir aus mit Tisch abdecken und Spülmaschine einräumen. Das ist nicht viel, aber besser als
nichts.

Mit Taxen Menschen bewegen

Taxifahren mag ich sehr. Drei Jahre lang haben wir ohne eigenes Auto gelebt, nur Carsharing und Taxifahren, und es war großartig. Nicht nur, weil es so bequem ist, sondern: Taxifahrerinnen und Taxifahrer sind für mich Helden des Alltags. Sie transportieren Alte und Junge, Nüchterne und Betrunkene, Sterbende auf dem Weg ins Krankenhaus und Neugeborene auf dem Weg nach Hause, Urlauber zum Flughafen. Sie chauffieren Trauernde zum Friedhof, Geschäftsleute ins Geschäft, Pastoren zum Seelsorgegespräch, Abiturienten zum Abiball, Möbel von Ikea nach Hause, Verliebte ans Rheinufer, ganz normale Leute an ganz außergewöhnliche Orte, außergewöhnliche Leute an ganz normale Orte.

Extrem interessant finde ich es auch, mal ganz freundlich zu fragen, wer mich denn da fährt. Taxifahrer sind oft ganz außergewöhnliche Leute an ganz normalen Orten, alleinerziehende Eltern, Akademiker aus fernen Ländern, heimliche Künstler oder Sammler von interessanten Dingen, Menschen, die den Krieg erlebten und ihre Familie retten mussten, um die halbe Welt Gereiste. Vor allem aber sind sie: Menschen, die was davon erzählen können, dass es im Leben irgendwie anders kommen kann, als man geplant hatte. Menschen mit bewegten Leben, die mit ihren Taxen andere Menschen durchs Leben bewegen.

Also, wenn du ins nächste Taxi steigst, einfach mal dran denken: Dich fährt nicht »irgendwer«! Neben oder vor dir sitzt jemand, der dir was vom Leben erzählen könnte.

Milchkauf, zweite Reihe

Beim Milchkauf bin ich genau so ein alter Checker wie du auch: Ich greife in die zweite Reihe, denn dort steht meistens die frischere Milch mit dem längeren Haltbarkeitsdatum. Die kann ich auch ein paar Tage später noch auf meine Cornflakes schütten.

Als Radiotheologe wäre ich jetzt versucht zu sagen: Gott mag bei uns Menschen auch besonders gerne die Milchtüten aus der hinteren Reihe, die hinteren Plätze, die Stillen, die sich nicht in den Vordergrund drängen, die ihre große Zeit noch vor sich haben.

Das stimmt zwar, aber eigentlich geht mir auf, dass das total beknackt ist: Die Verkäufer haben die jüngere Milch ja nicht zufällig nach hinten gestellt, sondern die in der ersten Reihe soll auch getrunken werden und nicht in den Ausguss fließen. Und wenn ich so ganz souverän in die hintere Reihe greife – zwölf Tage haltbar, nicht nur zehn – dann ist das in zehn von zwölf Fällen nicht ausgecheckt, sondern einfach egoistisch. Dann sage ich damit: Soll doch jemand anders sehen, was noch übrig bleibt. Für mich nur das Beste, für mich nur das Frischeste. Schnell zugreifen, bevor die Egoisten da sind ... nee, damit brauche ich Gott nicht zu kommen. Bei dem ist die zweite Reihe die neue erste Reihe, der sagt das nur anders: Die Letzten werden die Ersten sein.

Schwer zu verstehen

In unserer Tiefgarage hängt am Fahrradkeller ein Schild mit dicken Lettern, fett gedruckt: »Tür bitte abschließen!«

Okay, stimmt ja: etwas spießig. Aber nachdem da schon mal was geklaut wurde, hat das Sinn. Hat sich aber monatelang niemand dran gehalten, die Türe war ständig auf. Bis ... ja, bis jemand den Papp auf hatte und mit 'm Edding drunter gekritzelt hat: »Ist das so schwer zu verstehen?« Man glaubt es nicht, aber seitdem ist Ruhe und der Fahrradkeller immer abgeschlossen. Da frag ich mich jetzt: Was ist der verdammte Unterschied? Wieso halten die sich da jetzt alle dran?

Da fallen mir direkt noch so 'n paar Drucksachen und Schilder ein, da müsste man das auch mit dem Edding drunterschreiben, so ganz grob mal: die Zehn Gebote, die Sache mit der Nächstenliebe, Menschenrechte natürlich. Straßenverkehrsordnung ginge auch noch, Verbot von Volksverhetzung würde ich auf jeden Fall auch mit reinnehmen, und dann da überall dick drunter: »Ist das so schwer zu verstehen?«

Maschinen-
lesbares
Leben

Aus mir selbst aussteigen

Vor vierzehn Tagen finde ich im Heise Newsticker ein Video von einem Land Rover, den man per Smartphone-App fernsteuern kann. Der Ingenieur steigt aus, startet die App und kann jetzt auf schwierigem Gelände den Wagen am Handy-Touchscreen lenken, Gas und Bremse geben. Und zwar bei vollem Überblick.

Ausparken ohne Einsteigen geht auch, wenn die Fahrertür zugeparkt ist und eigentlich nichts ginge ... super! Nix eckt an, der Wagen setzt nicht auf – ich darf gar nicht daran denken, was das für ein Spaß wird, wenn wir Jungs demnächst statt so kleiner ferngesteuerter Modelle unsere Riesenautos zum Spielen mitnehmen.

Als Gleichnis taugt das auch: Mein Leben verliefe vielleicht auch kollisionsfreier, wenn ich ab und zu aus mir selber aussteigen und mich fernsteuern könnte. Wenn's zwischen uns Leuten eng wird, kann ja etwas Außenperspektive auch nicht schaden. Aber so läuft das nicht. Das Leben an sich verläuft ja eher ohne Fernbedienung. Nicht mal ne Ein- und Ausparkhilfe gibt's. Es sei denn, draußen steht jemand und winkt.

Stand der Technik

Vor meinem letzten Autokauf hab ich viel gelesen, was so Stand der Technik ist in Sachen Sicherheit. Extrem eifersüchtig wurde ich, als ich sah, dass blinkende Bremslichter jetzt als tolle Neuerung verkauft werden: Wenn man scharf bremst, blinken die Bremslichter rhythmisch auf und sagen dem Hintermann: Achtung, Gefahr! Hier wird scharf gebremst!

Ist doch eigentlich super: warum also eifersüchtig? Eifersüchtig war ich, weil ich diese Idee auch schon vor gut zehn Jahren hatte – und jetzt verdient jemand Geld mit dem Patent. Der Sache musste ich nachgehen und stellte irgendwann fest: So ein Patent auf blinkende Bremslichter gibt es schon seit mindestens 22 Jahren. Und ziemlich ausgecheckt übrigens: Der Erfinder schlug vor, das rhythmische Bremsen des Antiblockiersystems als Signalgeber mit dem Bremslicht zu verschalten. So einfach, dass fast jeder hätte drauf kommen können.

So ist das mit vielen Innovationen: Fasziniert sind wir besonders von Erfindungen, die scheinbar auf der Straße lagen, auf die wir selbst hätten kommen können. Sind wir aber nicht. Also kein Patent. Stand der Technik – gab's vorher schon.

Im Gegensatz dazu ist es für bestimmte Sachen nie zu spät, so lange wir leben: Glaube, Liebe, Hoffnung. Die sind immer brandneu, auch wenn es sie schon immer gab. Liegen quasi auch auf der Straße, könnte jeder drauf kommen. Und das Beste: Jeder darf sie nutzen. Lizenzfrei und ohne Patentstress.

Nicht erste Wahl

Ich bewerbe mich gerade auf eine Stelle, wo es ein wirklich cooles Projekt aufzubauen gibt. Keine Details, laufendes Verfahren. Ich bin da nicht erste Wahl. Auch nicht zweite und vor mir sind schon andere Leute gefragt worden. Vermutlich krieg ich die Stelle auch überhaupt nicht, obwohl ich sicher bin: Ich wäre da der Richtige.

So und jetzt kein Blabla, dass wir bei Gott aber alle erste Wahl sind – auch ich. Denn wenn ich mit der Bewerbung so umgehe, dass ich es total gleichmütig einfach auf mich zukommen lasse, ob ich sie kriege oder nicht, dann wird das nix. Selbst in meinem Laden bekommt keiner 'nen Job mit dem Argument, dass wir bei Gott alle erste Wahl sind. Den Job bekomme ich nur, wenn ich klar machen kann: Diese Stelle ist meine erste Wahl und ich bin da wirklich der Richtige für und will das auch zeigen.

Jetzt nicht falsch verstehen. Das mit der ersten Wahl bei Gott. Das ist natürlich alles andere als Blabla, das ist einfach so, aber ich persönlich glaube: Das darf ich nicht dafür benutzen, um es mir im Leben gemütlich zu machen.

Nee, das ist was für Momente, wenn mir bei dem Bewerbungsstress die Luft ausgeht. Wenn ich die Dinge mal wieder ins Verhältnis rücken muss: Denn für mein Leben und die Dinge, die da zu tun oder zu lassen sind, gibt es keinen Besseren als mich, da kommt es eben auf mich an, weil Gott sich sagt: Wenn du es nicht hinkriegst, dann weiß ich es auch nicht.

Staatsbürger des Herrn

In einer der vielen Mauerfalldokus im Fernsehen erzählte ein DDR-Flüchtling, wie er im Spätsommer '89 in Budapest in die BRD-Botschaft flüchtete und total baff war, als man ihm dort so ungefähr sagte: Sie kommen zwar aus der DDR, aber für uns sind Sie deutscher Staatsbürger. Wir stellen Ihnen jetzt einen Reisepass der Bundesrepublik Deutschland aus. Mit dem kommen Sie hier zwar erstmal noch nicht raus, aber Sie gehören zu uns.

So ungefähr ist das für mich mit Gott. Egal, wie mir das Leben mitspielt, wohin und in was auch immer ich hineingerate, ob mich Not und Trauer oder Krankheit oder Tod bedrängen: In meiner Innentasche trage ich unsichtbar seinen Pass. Reich Gottes steht da drauf. Damit komme ich hier zwar erstmal noch nicht raus, aber ich gehöre zu ihm. Und auf dem Botschaftsgelände ist quasi auch schon Reich Gottes – wenn ich es will.

Licht geht automatisch an

Ich bin im Hotel und muss mal. Am Eingang zum WC hat jemand kunstvoll einen Zettel drapiert: »Licht geht automatisch an«.

Klingt gut: Ich brauche im Dunkeln nicht rumzutasten oder mit dem Handy nach Klopapier suchen, ich muss auch nicht irgendeinen fiesen Schalter bedienen, sondern jemand hat einen Bewegungsmelder installiert, der das Licht einschaltet. Aber hä? Wieso hängt da ein Zettel, wenn das Licht doch automatisch angeht?!

Scheinbar ist das Ding nicht allzu sensibel, sonst wäre ja der Zettel nicht nötig. Vermutlich muss man also noch winken, damit die Lampe angeht ...

So in etwa verstehe ich auch die christliche Botschaft. Zettel, auf dem steht: Gott ist da. Immer. Sein Licht geht automatisch an. Könnte allerdings auch etwas sensibler eingestellt sein, scheint mir. Nur reinkommen reicht nicht, man muss sich auch noch selbst bewegen, ohne sofort zu wissen wohin. Wo hat er das olle Ding nur platziert, wo muss ich winken, hüpfen, hingehen, damit Gott mich bemerkt und er das Licht einschaltet? Oder funktioniert das gar nicht optisch, sondern akustisch? Muss ich irgendwas sagen und wenn ja, wie laut und was?

Oh Mann, wenn da kein Zettel hinge, könnte man manchmal fast meinen, es gäbe überhaupt kein Licht. Oder manchmal scheint's auch auf Daueran zu stehen und will gar nicht mehr ausgehen, jetzt so.

Speicherlöcher

Manchmal, wenn ich den Computer mehrere Tage oder Wochen lang nicht ausschalte, scheint es in seinem Arbeitsspeicher etwas eng zu werden und irgendwie auch etwas kompliziert. Mit dem Smartphone ist das so ähnlich: Die eine oder andere kleine App stürzt ja auch mal ab, hier oder da läuft noch irgendwas im Hintergrund weiter, da starte ich was Neues und beende das dann später wieder, es wird eng, ich beende ein paar Programme, im Webbrowser reagiert irgendein Script nicht mehr und muss abgeschossen werden.

Wenn ich mir im Terminalfenster alle aktiven Vorgänge anzeigen lasse und wie die so den Speicher unter sich aufteilen, krieg ich den Eindruck: Manche Apps sind ziemlich bescheiden, andere wiederum fressen Speicher, als hätte ihr Magen ein Loch.

Ab und zu gönne ich mir deshalb einen Neustart. Ich fahre den Computer kurz runter und starte dann neu. Und falls ich keinen totalen Schrott installiert habe, läuft dann wieder alles frisch und rund. Für meine Programme ist genügend Platz da, alles flippt irgendwie besser, der Computer reagiert auch schneller auf meine Eingaben.

Die Welt würde ich manchmal auch gerne neu booten. Nur kurz runterfahren und dann neu starten, das ganze Durcheinander unserer kosmischen Festplatte mal defragmentieren, den Arbeitsspeicher frisch aufteilen. Und so wie auf dem Computer eigentlich alles klar geht, wenn nicht irgendwelche Speicherlöcher oder Überläufe alles zum Absturz bringen, müsste es doch auf der Welt auch irgendwie besser laufen, wenn jeder nur so viel nimmt, wie er wirklich braucht.

Neuen Vertrag machen

Zweite Reihe, auch niedlich

Vor noch nicht so langer Zeit ist mein Sohn Jan zur Welt gekommen und hat in meinem Leben ein paar Dinge extrem verändert. Nicht ganz so praktisch finde ich seine Wartungsintvervalle nachts zwischen drei und fünf Uhr. In diesen Momenten rettet ihn nur seine unglaubliche Niedlichkeit, man kann ihm einfach nichts abschlagen.

Was mich noch mehr beeindruckt, ist, wie sich meine Prioritäten total verändert haben. Vorher gab es in meinem Leben vor allem die Frage, was aus mir wird: aus meinem Beruf, meiner Ehe, meinen Hobbys, meinen Freunden, meinem Urlaub, meinem Abend ... Jetzt gibt es eigentlich nur noch eines, das so richtig wichtig ist: unser Kind und was aus ihm wird. Ich selber bin in die zweite Reihe getreten.

Nicht egal ... aber nicht mehr so wichtig.

Deswegen kapier ich Weihnachten auch anders als sonst. Als Gott Vater geworden ist, da war das auch so: Auf einmal war das eigene Kind das Wichtigste. Und dieser Sohnemann hat dann später auch noch klargestellt, dass wir hier alle Kinder Gottes sind und auf Gottes Lebenswertliste ganz oben stehen – auch wenn er unsere Wartungsintervalle vermutlich ebenfalls extrem ruhestörend findet.

Wie originell

Heiligabend ist um, ich fahre mit dem Auto durch die Stadt und sehe immer noch da und dort diese beknackten Weihnachtsmannpuppen an der Hauswand hängen, die so aussehen sollen, als wäre der Typ da gerade am Einsteigen, und ich denk mir: wie o-ri-gi-nell. Sowas hat die Welt ja noch nieee gesehen.

Das wäre ein guter Anlass für eine fulminante Liste von Dingen, die ich ebenfalls nicht sehr originell finde, weil eine Idee ja nicht besser wird, wenn man die tausendste Umsetzung sieht. Muss beispielsweise so in den 80ern oder 90ern gewesen sein, als jedes dritte Auto so einen Farbklecksaufkleber hatte. Wie originell. Die sind dann aber Gott sei Dank weitestgehend verschwunden.

Und mittendrin kommt mir die Idee, dass Gott unsere Leben eigentlich auch ziemlich langweilig finden könnte, weil er schon so immens viele gesehen hat. Der könnte sich ja auch denken: große Schicksale, große Freundschaften, kleine Wunder, Lebens- und Liebesgeschichten ... wie o-ri-gi-nell.

Aber nee, so isser nicht. Der sieht uns irgendwie mit anderen Augen und erkennt in jedem und jeder von uns das Einzigartige, das Liebenswerte, das Besondere – sogar wenn wir es selbst gerade nicht bemerken. Gott fährt quasi auch mit dem Auto durch die Stadt und sieht uns immer noch nicht abgehängte, beknackte Weihnachtsmannpuppen an der Hauswand hängen und findet uns alle total liebenswert und … o-ri-gi-nell.

Neuen Vertrag machen

So langsam verschwindet dieses System mit den subventionierten Handys in der Schublade, aber irgendwie gilt das noch bei diversen Providern: Wenn ich ein neues Mobiltelefon will, muss ich einen neuen Vertrag machen. 24 Monate normalerweise, eine teils deftige Grundgebühr, aber dafür bekomme ich ein tolles, neues Telefon. Das kann ich dann stolz rumzeigen bei den Kollegen. »Geil, Respekt«, herrliches Gefühl ... bis wir uns alle daran gewöhnt haben. Übrig bleibt die satte monatliche Rechnung. Stirnrunzeln: 25 Euro für das Handy, 15 fürs Telefonieren, 19,90 fürs mobile Surfen, für SMS dasselbe – wenn der Opa das in D-Mark umrechnet, fällt er in Ohnmacht. Und wehe, du kannst nicht zahlen, dann geht es ganz schnell: Zahlungserinnerung, Mahnung, zweite Mahnung, Schufa, Gericht ... dann ist auch mal schnell das tolle Handy wieder weg. Vertrag ist Vertrag.

Jetzt mal was anderes: Heute ist Gründonnerstag, der Tag des letzten Abendmahls. Heute vor circa zweitausend Jahren hat Gott mit den Menschen auch einen neuen Vertrag gemacht, er hat gesagt: Nehmt und esst, nehmt und trinkt alle von diesem Brot und diesem Wein. Euch kann nichts passieren, niemand kann tiefer fallen als in Gottes Hände, wenn ihr nur auf seine Liebe vertraut. Ihr könnt nicht zahlen? Kein Problem, alles kostenlos. Und noch besser: Es gibt Probleme mit der Netzqualität? Kein Problem, Gottes Leitungen sind offen, sogar wenn alle Kunden gleichzeitig anrufen.

Gott Strich-Acht

Zu den extrem uncoolen Dingen im Leben eines dritten Sohnes kann es gehören, die Sachen von allen möglichen älteren Geschwistern und Cousins auftragen zu müssen. Ist ja auch irgendwie nicht ganz dumm, wenn sich die Größe von so 'nem Kind alle drei Monate ändert, aber ich fand's immer beknackt. Um das klar zu stellen: Ich spreche nicht von coolen Vintage-Stücken mit Kultcharakter. Ich spreche von Vorjahres- und Vorvorjahresmode.

Ungefähr so cool wie möbliertes Wohnen während des Studiums; wer weiß, wann die Matratze gewechselt worden ist, und diese Einbauschränke, ohgottogottogott. Gebrauchte Klamotten, gebrauchte Möbel - wie demütigend, als mein Vater sich nach einem Unfall ein gebrauchtes Auto kaufte, ein gebrauchtes Auto!!?! Jaja, so waren sie, die 80er meines Lebens.

Handelte sich übrigens um einen Mercedes Strich-Acht, der wohl heute zu den kultigsten Karren im Viertel gehören würde ...

Gebrauchte Sachen finde ich inzwischen ziemlich cool, und bevor mir hier die Minutedreißig abläuft, auch das noch schnell: Ich stehe extrem auf gebrauchte Religion. Heute Nacht bei Sonnenaufgang machen wir in meiner Kirche dieselbe Nummer fast zum zweitausendsten Mal: In einem uralten, vermutlich total abgenutzten Ritual feiern wir mit Feuer und Wasser und tonnenweise Kerzen rund um den Globus die Tatsache, dass Gott lebt und nicht tot ist. Das ist nicht Vorvorjahresmode – das ist Strich-Acht, quasi!

Schwedisches Finale

Schon mal bemerkt, dass Riesenläden wie Baumärkte, Möbelhäuser und Einkaufszentren fast immer total aufgeräumt aussehen, obwohl die Kunden alles durcheinander bringen? Bei IKEA hab ich letztens das Geheimnis dahinter entdeckt: Der Anblick war fulminant, 20 Minuten vor Ladenschluss an jeder Kasse gut 50 Meter randvolle Warteschlange. Und dahinter: eine unüberschaubare Herde von Einkaufswagen – ohne Besitzer, aber randvoll mit Kissen, Schränken, Kochtöpfen, Deko-Blumen, Lampen, Teppichen, Klobürsten, Wandregalen, Matratzen ... und eine Gruppe von Mitarbeitern, die – allen Ernstes immer noch freundlich lächelnd – das ganze Zeug zurücksortierten. Da sind also reihenweise Kunden glatt den kompletten Weg von Ausziehcouch bis Zimmerpflanze gegangen und lassen am Ende alles stehen?

Wenn das mit meinem Lebenseinkaufswagen auch so einfach ginge, hätte ich manchmal wohl schon lange vor der Kasse alles stehengelassen. Der ganze Kram in meiner Karre, passt das überhaupt noch irgendwie zusammen, so viele Jahre, wie ich das jetzt hier durch die Gänge schubse? Vielleicht ist es das, was mir an Gott so gefällt: Wenn ich ihm vertraue, kann ich nicht nur vor der Kasse nochmal abladen. Er steht sogar zwischendurch ikea-freundlich bei den Billyregalen und nimmt mir die gruseligsten Sachen lächelnd ab. Und der Kaktus bleibt einfach bei den Gartenmöbeln.

**404
Gott not
found**

Ära Trump oder
noch schlimmer

Wir gucken extrem gerne amerikanische Serien, ganz oben House of Cards, 24 und Homeland. 24 und Homeland sind der Wirklichkeit dabei immer ein bisschen vorausgeeilt, alles immer noch ein bisschen krasser und verunsichernder, als es mit 9/11, Folterskandalen, Irakkrieg, Afghanistan und Syrien, Snowden-Enthüllungen und so weiter in der Wirklichkeit schon zu sein schien. Immer sah ich das und sagte mir: WOW – gut, dass die Realität nicht so krass ist wie das hier. Das dachte ich. Bis zu einer Wahl, der US-Wahl. Jetzt ist Trump Präsident, was exakt so krass ist. Das wurde vorher für derart undenkbar gehalten, dass auch das Produktionsteam von Homeland sich nach dem Wahlabend traf, mitten in den Dreharbeiten für Staffel 6, und die sich fragten, ob ihr Drehbuch nicht von der Realität völlig überholt werde. Wenn diese Realität verunsichernder ist als das, was sie sich ausdenken, haben die ein echtes Problem.

Nicht viele Tage nach der Wahl wurde meine Tochter geboren – in einer Zeit, die vermutlich mal die »Ära Trump« heißen wird. Ich mache mir Sorgen, in was für eine Welt sie hineingeboren wird. Hält unsere Sicherheit noch ein bisschen? Stehen wir auf und schützen unser Land vor Nazis und Populisten, vor Fake News, Kriegstreibern und Diktatoren, vor Terror und vor allem vor Dummheit?

Dann fällt mir ein, dass meine Eltern mitten im Dritten Reich geboren wurden, während des Krieges und umgeben von der Nazipest. Deren Eltern müssen auch einen an der Kappe gehabt haben, oder? Da Kinder reinzusetzen ...

Fällt mir sauschwer, in so einer Zeit von Gott zu reden. Was der sich wohl denkt?

Abwesenheitssimulation

Wir sind letztes Jahr umgezogen: Unsere neue Wohnung liegt jetzt im Erdgeschoss, und auf einmal stellen sich ganz neue Fragen, zum Beispiel nach Schutz vor Einbrechern, die einem hier die Bude ausräumen und alles kaputtmachen.

Drei Sachen sind dabei wichtig, habe ich gelernt: Drittens soll eine gute Alarmanlage Eindringlinge mit Licht und Krach verunsichern, zweitens sollte man Fenster und Türen so sichern, dass ein Einbruch schon möglichst lange dauert. Erstens aber sollte man die Wohnung während des Urlaubs nicht so aussehen lassen, als wäre keiner da. Super hilft da: Anwesenheitssimulation per Smart Home: Das Licht geht an und aus, die Jalousien mal halb runter bei zu viel Sonne, abends blinkt ein TV-Simulator, morgens ist Licht in der Küche. Es geht sogar noch wilder: Hundebellen und Kindergeschrei aus der Musikanlage, wenn draußen jemand den Bewegungsmelder auslöst ... so weiß man nie so richtig, ob gerade jemand da ist.

Wie Gott quasi. Der klappert auch mit den Jalousien, lässt die Lampen aufdimmen und die Hunde bellen, dass man glatt meinen könnte, der wär jetzt gerade da. Oder gerade verreist. Oder doch gerade da? Oder sind das nur die Nachbarn beim Blumengießen? Ist Gott jetzt da oder nicht, oder wohnt der hier überhaupt oder gehört dem die Erde nur, aber leben und wohnen und arbeiten tut der eigentlich woanders? Oder quasi 'ne Smart-Gott-Abwesenheitssimulation – wie denn jetzt endlich?

Objects in mirror are closer than they appear

In meinen Vesparückspiegel ist ein Satz eingraviert, da steht: Objects in mirror are closer than they appear. Heißt auf deutsch: Was du im Rückspiegel siehst, ist näher als du denkst. Das hat was mit der Formung des Spiegels zu tun. Der ist leicht gewölbt, und daher siehst du zwar viel mehr von der Welt hinter dir, aber eben stark verkleinert.

Heißt ganz praktisch: Das Auto im Rückspiegel hat dich gleich schon eingeholt, obwohl es im Spiegelbild weit weg scheint. Zack, Schulterblick – und alles ist viel näher.

Das kommt mir mit meinen Lebensrückspiegelsituationen so ähnlich vor: Ich schaue im Leben eher nach vorne, aber es gibt Sachen in der Vergangenheit, die kommen mir immer wieder nahe. Manchmal wundervoll nah, wenn es schöne Erinnerungen sind. Manchmal aufdringlich nah, wenn ich mich an was Trauriges erinnern muss.

Und jetzt noch die Jesuskurve: Jesus Christus liegt rein kalendarisch auch ziemlich weit hinter uns, so um die zweitausend Jahre. Aber ich schwöre: Ich hab ihn immer wieder im Rückspiegel, und wenn ich mich umdrehe um nachzusehen, ist er näher als gedacht. Ich würde sagen: Er zieht sogar auf der Überholspur an mir vorbei. Und dann sieht er mich in seinem Rückspiegel, und er weiß: Ich bin ihm auf den Fersen, ich hänge ihm an der Stoßstange, auch wenn ich verkleinert erscheine, damit er die anderen auch sehen kann.

Gottblitzer

In München warnen sich auf einer Facebookseite und per Twitter ein paar tausend Leute vor Fahrkartenkontrollen. Die Betreiber der öffentlichen Verkehrsmittel finden das verständlichermaßen ziemlich uncool. Auf dem Schwarzfahrerfunk kommen also ungefähr im Stundentakt Meldungen wie »U3 nach Moosach«; »Gerade am Scheidplatz«; »Zweiter Waggon« oder »S1 Richtung Freising/Flughafen«. Oder auch so: »Ein Mann, Ende 40, kurze graue Haare, schwarze Jacke und Tasche« oder »U6 Richtung Süden, ein Kontrolleur (hellbraune Lederjacke) an der Alten Heide ausgestiegen. Eventuell in der nächsten U6 wieder dabei (er hatte einen aussteigenden Fahrgast verfolgt)«.

Mann, so 'nen Flurfunk hätte ich gerne mal für Leute, die Gott gesichtet haben: »Köln, Wallraffplatz, als Bettler verkleidet, sitzt frierend neben seinem Hund«. Oder: »Aachen, als spielendes Kind getarnt hat Gott mich eben angelacht und mir den Tag gerettet«; »Unfall auf der A4 bei Kerpen, dass da niemand verletzt wurde, da muss Gott im Spiel gewesen sein«. Aber eben auch: »Hospital zum Heiligen Geist, Abschied in Tränen – wo steckt er bloß?«

Gott privat treffen

Eine Freundin von mir ist Babysitterin. Irgendwann sagt ihr Babysitterkind nach einem Einsatz so: Hey, mit dir kann man ja echt gut LEGO spielen. Können wir uns nicht auch mal privat treffen und was zusammen bauen?

Ich frag mich natürlich sofort, auf welcher Grundlage sich Gott eigentlich mit mir trifft: privat oder geschäftlich? Mir kam das eigentlich auch immer sehr privat und persönlich vor, super LEGO und so, aber wer weiß – vielleicht ist das nur so eine Masche von ihm, und gleich nach mir trifft er irgendeinen Jemand von nebenan und macht mit dem genauso auf best friends forever ...

Beunruhigend ... man kann doch gar nicht mit so vielen Leuten gleichzeitig so gut befreundet sein. Oder kann man?

Mailbox des Herrn

Manchmal ruft man Leute an und dann geht die Mailbox dran. So alte Recken wie ich stellen sich dann irgendwie immer noch einen AB vor, bei dem der Angerufene vielleicht doch noch dran geht, während man ihm draufquatscht, und es macht Klick in der Leitung und er sagt: »Florian, du bist es, sorry ich war busy, aber als ich Deine Stimme hörte, hab ich natürlich sofort zum Hörer gegriffen.«

Das ist absehbar ziemlich vorbei, scheint mir. Verpasste Anrufe gehen nicht mehr auf den AB in der Diele, sondern in die Cloud, und da nimmt dann auch keiner mehr ab, während du draufredest.

Werd' ich ganz nostalgisch, dass das nicht mehr gehen soll. Denn das ist irgendwie auch so mit meinem Leben: Wenn ich in schwierigen Momenten den Alten anrufe, hoffe ich ja auch immer, dass der im letzten Moment noch abhebt, während ich ihm auf die Box quatsche. Weiß man ja auch immer erst später, ob der das überhaupt gehört hat.

Na, ja ... geht ihm mit uns wahrscheinlich auch so:
Er ruft an, er ruft an, er ruft an – und man kann ja
echt von Glück sagen, wenn wir das noch rechtzei-
tig mitkriegen und mal drangehen.

Zustellgott

Ich sag's ganz frei heraus: Ich bestelle echt viel im Internet. Und weil ich nicht der Einzige bin, gibt's da jetzt neuerdings so Probleme. Da steht dann zum Beispiel »Lieferzeit voraussichtlich morgen, Freitag« und ich freue mich dann den ganzen Freitagmorgen. Mittags werde ich dann langsam nervös und ein bisschen depressiv, denn was soll ich jetzt am Wochenende machen, wenn das Zeug doch noch nicht da ist? Am Samstag bin ich dann gerade in der Stadt einkaufen, wenn der Paketbote kommt – die Nachbarn sind heute auch nicht da, und deshalb wirft der mir eine Benachrichtigungskarte ein ... toll, jetzt muss ich auch noch zur Post, das dauert hier immer ewig, bis man dran kommt ...

Gott ist auch nicht so besonders präzise mit seinen Lieferzeiten. Sein Erscheinen ist einfach nicht nachvollziehbar terminiert. Und die Härte: Wenn er liefert, gibt's noch nicht mal eine Nachricht! Dass er, der alte Paketbote, noch mal in die Welt kommen wird, das glauben Christen wie ich. Aber keiner weiß, wann genau. In der Bibel gibt es so ein paar Geschichten, die davon handeln, wie Leute ihn verpassen ... sehr ermutigend!

Am Ende ist es mit Gott ein bisschen so wie mit den Internetversendern und Paketdiensten: Man darf ihn nicht fest einplanen, das geht einfach nicht. Eher umgekehrt: Eigentlich ist er ja gar nicht weg und muss erst kommen. Eigentlich ist er die ganze Zeit da. Das ist ein bisschen so, wie wenn das Paket schon längst im Haus abgegeben wurde, ich aber die Benachrichtigungskarte noch nicht gefunden habe.

Tassen mit Sprüngen mit Tassen

Der beste Scheidungsanwalt

Die Sache ist jetzt lange genug her, um zart lächelnd erzählt zu werden: Zwei Kolleginnen unterhalten sich im Lehrerzimmer über den Stress der einen mit ihrer Scheidung. Die hat's noch vor sich und eine Riesenangst, alles zu verlieren: Geld, Haus, Sorgerecht ... Ihr künftiger Exmann macht richtig Druck und sie fragt total panisch: »Kennst du einen guten Anwalt?«

Die andere sagt: »Nimm dir Dr. Schneiderhannes vom Wilhelmsplatz, der ist der beste. Der kennt jeden Kniff. Der holt alles raus, der Mann ist mit allen Wassern gewaschen. Zwar teuer, aber eben auch extrem erfolgreich. Es gibt keinen besseren.« Die erste wird immer blasser: »Den kann ich nicht nehmen – den hat mein Mann.«

Die Geschichte stimmt – und sie wäre fast lustig, wenn Scheidungskämpfe mit Vorwürfen, Verletzungen und Unterstellungen nicht zu den ätzendsten Dingen des Lebens gehörte vor allem, wenn Kinder im Spiel sind. Ich weiß, wovon ich rede: Eltern geschieden, Großeltern geschieden, von den Onkeln und Tanten alle geschieden, die nicht vorher gestorben sind. Ich erspare mir und allen Betroffenen schlaue Sprüche zum Thema.

Eine kleine Anwaltsempfehlung hätte ich allerdings: Gott verteidigt dich ebenfalls extrem erfolgreich, und zwar gegen die Vorwürfe, die du dir im Leben selber machst. Er kennt jeden Trick, mit dem du dich selbst in Dunkelheit und Einsamkeit treibst – und er holt dich da raus. In welcher Not du auch steckst – Dein Anwalt ist an der Sache schon dran.

Bonusmeilen bei Gott

Bonusmeilen bei Gott? Das ist doch totaler Schwachsinn! Was soll das heißen? Etwa, dass man, wenn lange genug gebetet und weit genug mit Gott durchs Leben gegangen wurde, Freiflüge nach Rom oder Jerusalem bekommt oder ein Businessclass-Upgrade oder sowas? Und die ganz frommen Jungs und Mädels, die sitzen dann in so 'ner Senatorenlounge in der Abflughalle des Lebens und schlürfen einen frisch gepressten Saft – oder was die da eben so machen ...

Das Bonusmeilenmodell ist tatsächlich nicht so ganz präzise genug, um etwas über Gott und sein Geschäftsmodell zu erzählen. Aber an einer Sache ist was dran, auch wenn Gott nicht nach Meditationsmeilen fragt und keine Vielbeterrabatte anbietet. Wenn du dir regelmäßig ein wenig Zeit für ihn nimmst, klappt das auch dann besser, wenn es mal echt drauf ankommt und du ihn brauchst. Ist wie mit dem Kontakt zu guten Freunden oder auch zu dir selbst: Wenn man sich gelegentlich Zeit dafür nimmt, funktioniert das im Ernstfall einfach besser. Und ist unkompliziert, man braucht nur die eine Frage: »wie geht's dir eigentlich?«

Espressotassenleben

Im Küchenschrank meiner italienischen Schwiegermutter gibt es ein Schälchen, darin bewahrt sie unzählige kleine Porzellangriffe auf, die ihr von unzähligen kleinen Espressotassen abgebrochen sind. Seit Jahren sagt sie sich scheinbar: Irgendwann findet sich bestimmt mal ein ruhiger Moment, in dem man die alle wieder anklebt. Wieso etwas wegschmeißen, das man vielleicht noch gebrauchen könnte?

Als Theologe dachte ich dabei erst einmal an Bestattungsriten, leibliche Auferstehung und so. Aber das wird mir hier zu kompliziert. Lassen wir es mal so stehen: Wir Espressotassenmenschen kriegen in unseren Espressotassenleben auch so manchen Kratzer oder Sprung. Manchmal bricht uns womöglich der Griff ab oder wir gehen sogar richtig zu Bruch. Oft übrigens auch, weil uns jemand nicht gut festgehalten hat.
Aber Gott – also so etwas Ähnliches wie meine Schwiegermutter – der fegt nichts weg in den Müll, der hält uns irgendwie zusammen. Und irgendwann findet sich bestimmt mal ein ruhiger Moment, da wird alles wieder zusammengeklebt.

Jesus als Anwalt

Mein Freund Willi war fast zwanzig Jahre lang Pilgerseelsorger in Jerusalem. Wer sich von ihm auf den Ölberg oder an den See Genezareth führen ließ, der liest die Bibel danach mit anderen Augen.

Einmal habe ich Willi gefragt, wie er sich das Ende seines Lebens vorstelle. Wie es wohl sei, Gott gegenüberzutreten im Moment des Todes. Ob er sich ein Gericht Gottes vorstelle. Seine Antwort werde ich nicht vergessen: Natürlich gebe es ein Gericht. Mit Gott als Richter. Und mit Jesus als unserem Anwalt und Verteidiger. Denn als Ankläger eignen wir selbst uns doch am besten. Auch wenn wir es uns nicht anmerken lassen und alles tun, um selbstsicher und zufrieden zu wirken: Nachts, wenn wir nicht schlafen können, dann fallen uns all die Dinge ein, die wir falsch machen in unserem Leben. Dann geht es los in unserem Kopf mit dem ewigen »Ach, hätte ich doch bloß nicht«, »Ach, hätte ich doch bloß«. Nur ist es jetzt zu spät für die unerlösten Momente, zu denen wir gerne die Zeit zurückdrehen würden, um es besser zu machen. Für die Dinge, die wir lieber nicht getan hätten. Die Worte, die man gerne zurücknehmen würde.

Ich glaube es deshalb auch: Wenn es so etwas wie einen Gerichtstermin mit Gott gibt, dann kann ich selbst eher dem Staatsanwalt gute Dienste leisten. Und wenn die Lebensrücktrittsversicherung nicht mehr haftet, dann ist es eine wundervolle Hoffnung, einen so prozesserfahrenen Anwalt zu haben wie Jesus von der Kanzlei Christus und Partner.

Diese Erfahrung - nie wieder

Mit dem internationalen Internethandel kommen ja auch immer mehr absurde Stilblüten der ebenfalls internationalen Servicemitarbeiter auf. Mein favorite der letzten Wochen war, was mir der Kundenservice nach einer Reklamation schrieb:
»Um Ihnen weiterzuhelfen, habe ich speziell in Ihrem Konto vermerkt, dass Sie diese Erfahrung nie wieder haben (...)«

Super, oder?

Mit dem Mann hatte ich vorher schon ein wirklich sympathisches Telefonat, und nun sogar das noch: In meinem Konto wird speziell vermerkt, dass ich diese Erfahrung nie wieder haben soll.
Da könnte sich der Herrgott mal 'ne Scheibe von abschneiden. Vermutlich bin ich nicht der Einzige, der im Leben schon so ein paar Erfahrungen gemacht hat, dass mal ruhig einer im Konto vermerken sollte, dass ich bedient bin.
Aber das macht er nicht, der Herrgott, sowas vormerken. Kann er, glaub ich, gar nicht. Und der Supporttyp ja auch nicht, eigentlich ...

Rücksendungen

Ich bestelle was im Netz, kriege die Bestätigung per Mail und lese als Erstes: »Rücksendungen sind einfach«. Das klingt nett und doch irgendwie bescheuert, denn: Wenn ich was bestelle und dann wieder zurückschicke, haben die doch doppelte Versandkosten und dabei nix verkauft.

Wobei: Die Wahrheit dahinter ist vielschichtig. Wenn wir Kunden keine Angst haben, auf falsch georderten Sachen sitzenzubleiben, wenn die Rücksendungen ohne Scherereien hinhauen, dann bestellen wir offensichtlich mehr. Und wenn ein Anbieter so viel Geld hat, dass er das durchziehen kann, bis die Konkurrenten kapitulieren, dann kann er irgendwann auch die Preise diktieren. Wenn ihm die Sache zu dumm wird oder sich nicht mehr rechnet, weil ich zu viel zurückschicke, schickt er mir einfach nichts mehr.

Das klingt nicht ganz so nett ...

Mit Menschen ist das übrigens auch so: Man fährt besser, wenn man sie nicht behandelt, als könnte man sie jederzeit wieder zurückschicken, wenn sie

einem nicht mehr gefallen oder nicht so funktio-
nieren, wie man will. Klingt ja auch nicht so nett ...

Ich will hier keine übertriebene Schleichwerbung
für irgendwelche Anbieter machen. Aber nach
meinem Kenntnisstand ist Gott der weltweit einzige Anbieter, bei dem man ohne Ende bestellen
und wirklich kostenlos und unbegrenzt retournie-
ren kann. Und er schickt immer wieder etwas an
mich raus.

Schnulzengott

Ich mag alte Schnulzen und ich kann sie zigmal hintereinander hören, iTunes auf »Repeat One« gestellt. Ich kann dann sogar konzentriert an Predigten, Aufsätzen, Konzepten, coolen neuen Ideen und ihrer Umsetzung arbeiten. Wenn ich selbst Musik mache, sieht das ähnlich aus: Ich komme mit einem kleinen Vorrat an Stücken aus und finde immer wieder was Neues drin oder eine etwas andere Art, das zu spielen oder zu singen. In diesem Liedchen steckt noch was, es hat noch Zukunft vor sich und wird noch ein Gebet zu Gott tragen, einen Menschen zu ihm führen, ein Leid lindern oder einen Tod aushalten helfen. In diesem kitschigen Stück steckt vielleicht noch ein Takt, auf den noch nicht getanzt wurde, ein neues Paar wird sich zu diesem Lied das magische Lächeln des Anfangs schenken, jemand neue Hoffnung schöpfen.

Ich glaube, dass Gott auch auf alte Schnulzen steht, auf die alten Schnulzen unserer Leben. Wir fangen von Zeit zu Zeit etwas Neues an, aber man nimmt sich ja doch immer mit und bleibt wer man ist, macht die alten Fehler.

Er liebt uns auch in unseren Wiederholungen. Wo uns andere schon längst zur Seite gelegt haben, abgeheftet, archiviert unter »nicht mehr relevant«, da sieht Gott in uns den ungehobenen Schatz, unsere ungeahnte Kraft, die Zukunft der Welt.

Gott aus der
Milchflasche
lassen

Windstärken*

Windstärke 0: Windstille, keine Luftbewegung, Rauch steigt senkrecht empor.

Windstärke 1: leiser Zug, kaum merklich, Rauch treibt leicht ab, Fahnen unbewegt.

Windstärke 2: leichte Brise, im Gesicht spürbar, Blätter rascheln.

Windstärke 3: schwache Brise, Blätter und dünne Zweige bewegen sich.

Windstärke 4: mäßige Brise, Zweige bewegen sich, loses Papier wird vom Boden gehoben.

Windstärke 5: frische Brise, größere Zweige und Bäume bewegen sich, Wind deutlich hörbar.

Windstärke 6: starker Wind, dicke Äste bewegen sich, hörbares Pfeifen an Drahtseilen.

Windstärke 7: steifer Wind, Bäume schwanken, Widerstand beim Gehen gegen den Wind.

Windstärke 8: stürmischer Wind, große Bäume werden bewegt, Fensterläden geöffnet, Zweige brechen.

Windstärke 9: Sturm, Äste brechen, kleinere Schäden an Häusern, Ziegel werden von Dächern gehoben, Gartenmöbel umgeworfen, beim Gehen erhebliche Behinderung.

Windstärke 10: schwerer Sturm, Bäume werden entwurzelt, Baumstämme brechen, Gartenmöbel werden weggeweht, größere Schäden.

Windstärke 11: orkanartiger Sturm, heftige Böen, schwere Schäden, Dächer werden abgedeckt, Autos aus der Spur geworfen, dicke Mauern beschädigt, Gehen unmöglich;

Windstärke 12: Orkan, schwerste Sturmschäden und Verwüstungen – Was ... hat das alles mit Glauben und Kirche zu tun?

Nun ja, so ungefähr stelle ich mir die Begegnung mit Gott vor: von still und leise bis laut und überwältigend, je nachdem.

* gegebenenfalls den Windstärken entsprechend von sehr leise bis sehr laut vorzutragen – nach Windstärke 12 darf der Kamm wieder abschwellen.

Gott in der Milchflasche

Mein Sohnemann besteht darauf, dass wir nur Kuhmilch kaufen. Für ihn bedeutet das, dass auf der Flasche eine Kuh sein muss – ansonsten sei keine Kuhmilch drin, sagt er. Da es nicht immer Milch im Kuhdesign gibt, muss ich ihm jetzt beibringen, dass Kuhmilch auch in anderen Verpackungen antreffbar ist. Unser kuhfleckiger Kater hilft mir dabei: Ist also auch nicht überall Kuh drin, wo Flecken außen drauf sind.

Mein Job als Seelsorger funktioniert so ähnlich: Ich stehe dafür ein, dass Gott immer da ist, auch wenn es oft überhaupt nicht so aussieht. Er ist quasi immer in der Milchpackung, auch wenn die einfach blau ist oder grün oder aussieht wie Apfelsaft. So ist das im Leben: In vielen Situationen, wo man's nicht erwarten würde, kann man Gott begegnen.

Jetzt noch der schwarzweiß gefleckte Kater … Kuh ist nicht drin, Milch auch eher nicht, aber Gegenwart Gottes … doch, würde ich schon so sagen. Irgendwie jetzt.

Sprechperlen

Ich wollte Katzenfutter einkaufen. Da entdeckte ich im Zooladen ein legendäres Produkt, das ich echt schon verloren geglaubt hatte. Oder sagen wir mal so: Ich hätte mir einfach nicht vorstellen können, dass »Sprechperlen« noch auf dem Markt sind. Sprechperlen sind Körner für Wellensittiche.

Als ich mit sechs Jahren meinen ersten Kanarienvogel geschenkt bekam, kannte ich bald sämtliche Leckerlis, wusste Bescheid über Vogelbadewannen, Sepiasteine und alle Körnerspezialitäten, die es im Tiergeschäft an der Ecke gab. Aber nichts hatte auch nur annähernd die Magie von … Sprechperlen. Kann das sein? Du gibst deinem Vogel ein paar Körner, und er lernt sprechen?

Und auf einmal stehen sie wieder vor mir, vorne drauf ein Kind mit einem Wellensittich auf dem Finger, mit einer bunten Sprechblase: »Pucki ist lieb.« Und dann das Kleingedruckte: für alle Sittiche.

Mein Hansi war ein Kanarienvogel. Die Sprechperlen, die ich mir trotzdem heimlich besorgte, nützten nichts. Er sang wie ein Held, aber Sprechen gab's nicht.

Meine Katzen reagieren übrigens auch völlig gleichgültig auf Sprechperlen. Und ich hab mir sagen lassen, dass Wellensittiche eigentlich auch nur sprechen, wenn man sich intensiv mit ihnen beschäftigt, behutsam mit ihnen umgeht und viel mit ihnen spricht.

Pucki ist lieb.

Gott auch.

Alles meins

In meiner Nachbarschaft macht irgendein Sprayer sein Zeichen an alle möglichen Wände und Plätze. Wenn ich das sehe, stelle ich mir schon mal vor, dass der Mensch vermutlich mit genau diesem Gedanken hier langgeht: »Die Hauswand, die Bänke, das Stoppschild, der Brunnen ... alles meins«.

Ein Straßenkehrer läuft vielleicht durch dieselbe Gegend, er hat hier alles gefegt, und auch er denkt: Alles meins.

Ein Liebespaar, das sich auf diesen Parkbänken schon das halbe Leben erzählt hat, sieht sich auch irgendwie als Besitzer.

Und ein Bürgermeister, ein Bauamtsleiter, ein Nachbarskind oder auch der Dackel von Oma Müller und Onkel Tonys Katze, sie alle laufen hier lang und denken lächelnd: Alles meins.

So viele Eigentümer. Und jetzt noch Gott, er auch so: Alles meins.

Haarspängchenjesus

Mein Kurzer kam gestern mit einem sehr niedlichen Spängchen im Haar aus dem Kindergarten – mit blauem Glitzer drauf. Das fand er total praktisch und überhaupt sehr schön, weil er sich das Gesicht als Tiger anmalen konnte, ohne dass die Haare in die Stirn fallen und alles verschmiert. Abends beim Einschlafen lag er zwischen LEGO und Matchboxautos im Bett und erklärte mir, dass er sich wirklich sehr über seine Haarspange freue. Und sein Kumpel habe übrigens auch ein Spängchen – aber mit rotem Glitzer.

Hab ich schon erwähnt, dass das meiner bescheidenen Elternmeinung nach wirklich sehr lustig und einfach unglaublich niedlich ist?

Hm ... Aber es wird vermutlich nur ein paar Tage gutgehen, bis irgendein doofer Junge kommt und denen erklärt, dass das Mädchenkram sei und man als Junge keine Haarspange tragen dürfe. Und die Jungs werden sie peinlich verschämt wegpacken und zuhause fragen, warum denn richtige Jungs das nicht dürfen. Oha, was sag ich nur, das ihn nicht in die Bredouille bringt?

Vielleicht so: Richtige Jungs können tragen, was sie wollen. Und Jesus hat sein Haar bestimmt auch nicht immer offen getragen – mit der Matte ...

Gott spritzt nicht mit Wasser

Als meine Katze Fräulein Smilla schon vier Jahre alt war, besorgten wir ihr einen jungen Kater. Wir waren in eine andere Wohnung gezogen und fanden es eine grandiose Idee, ihr Gesellschaft zu geben, damit sie nicht so oft alleine ist. Der kleine kuhfleckige Spinner mischte ab sofort die ganze Wohnung auf. Die Katze fauchte ihn genervt an, wir schimpften und stöhnten über umgeschmissene Vasen und zerrissene Gardinen und Katze Smilla lernte bald: Wenn geschimpft wird, ist immer der verflixte Kater gemeint. Ich dagegen bin nur die geliebte Katze, mit mir ist niemand böse.

Seit neuestem machen die beiden morgens ab sechs ein Riesentheater im Schlafzimmer, damit sie gefüttert werden. Es wird miaut, gesprungen, gefaucht, gerufen, auf mir rumgetrampelt. Deswegen habe ich mir seit noch neuerem eine Wasserspritzflasche besorgt, mit der man Katzen optimal vertreiben kann – sie hassen Spritzflaschen.

Das Verrückte ist: Der Kater rennt schon beim schwappenden Geräusch der Flasche weg, ohne dass ich was mache. Die Katze jedoch bleibt einfach sitzen. Und wenn ich sie anspritze, schaut Smilla mich völlig erstaunt an: ICH? Wieso ICH? ER ist doch der Böse. Was kannst du mir also Böses wollen?

Das ist Theologie! Von Smillas Gelassenheit mir gegenüber kann man die rechte Haltung gegenüber Gott lernen. Denn: Gott kann nur lieben, er spritzt nicht mit Wasserflaschen. Auch wenn wir rumzetern und einen Riesenaufstand veranstalten, Gott kann nur lieben. So wie Smilla würde ich gerne durchs Leben gehen: Nur mit dem Besten rechnen, ohne Angst vor Unheil und Wasserspritzflaschen.

WG-Gott

Zu den Dingen, die ich im Haushalt echt nicht mag, gehören vollgestellte Spülbecken, am liebsten direkt neben einer leeren Spülmaschine. Im besten Fall von echt lieben und wohlmeinenden Besuchern, die nach dem Essen ein bisschen helfen wollten. Im schlimmsten Fall in WGs von irgendeinem Mitbewohner, der natürlich gerade in der Uni und nicht da ist. Da sind dafür eine kalte Pfütze Kaffee mit Linsensuppe und Kuchenkrümeln, Ketchupreste, böah... Kann mir mal jemand erklären, wie man spülen soll, wenn das Becken schon vollsteht mit irgendwelchen Töpfen und Tellern mit dicken Brocken drin? Und wenn es keine Spülmaschine gibt: Der ganze Mist muss doch eh erstmal da raus – Mann, wieso hinterlassen die Leute einem einen solchen Dreck?

Gott ist da cooler als ich. Die vollgestellten Spülbecken unseres Liebeslebens oder auch Nichtliebeslebens erledigt er mit einem Handgriff. Er spült und reinigt und putzt und wäscht und bügelt uns selbst auch gleich mit, dass alle nur so duften. Gott sagt nicht: Nee, also, hier ist mir zuviel Schuld und anderer Kaffeedreck, das Zeug ist ja schon kalt

und verkrustet, das krieg ich hier gar nicht bear-
beitet, ist mir zu eng...

Er ist da anders, ist ein extrem entspannter Mitbewohner. Ich glaub, ich mach's ihm mal leichter
und hinterlasse weniger zu spülen. Mal sehen, was
er sagt.

Schwimmkurs des Grauens

Aus dem Sportbuch meines Lebens, Kapitel 1: das Schwimmkurstrauma.

Vermutlich irre ich mich und diese Geschichte hat sich gar nicht so zugetragen; sie wäre einfach zu grausam. Aber bei mir ist sie abgespeichert als Kampf um Leben und Tod.

Ich muss ziemlich klein gewesen sein bei meinem ersten Schwimmkurs, irgendwo am Niederrhein. Ich erinnere mich erstens, dass die Großen uns Kleinen erklärt haben: Im Wasser muss man »so« machen, um nicht unterzugehen, »so« mit den Armen und Beinen.

In meiner Erinnerung spielt die nächste Szene sich so ab: Ich kämpfe im Wasser um mein Leben und klatsche wild auf die Wellen, vom Beckenrand aus ruft der Schwimmlehrer lachend: Du musst »sooo« machen – aber ich muss doch um mein Leben kämpfen, ich hab gerade keine Zeit, um »sooo« zu machen, ich ertrinke gerade!

Seitdem habe ich zu »Schwimmenmüssen« kein gutes Verhältnis und war beim Schulschwimmen dauernd Letzter. Nachmittags im Freibad keine Spur davon. Aber sobald ich schwimmen musste, kämpfte ich gegen die Angst und um mein Leben. Das war keine gute Startposition beim Sportfest, vermute ich ...

Heute kann ich drüber lächeln und denke mir: Gott steht auch gelegentlich am Beckenrand meines Lebens und denkt sich: Schwimm doch einfach, Junge. Du kannst das. Mach keine Welle, hör auf zu krähen und schwimm einfach, ich lasse dich nicht untergehen.

Mein Kumpel Klaus sagt übrigens, Gott sei gar nicht der Bademeister. Gott ist das Wasser, das dich trägt. Gar nicht dumm – trotzdem wird mein Sohn so einen Schwimmkurs nicht besuchen.

Fiderallala

Zu den besonderen Herausforderungen meines Lebens gehörte vor einiger Zeit der Donnerstagnachmittag. Da ging ich mit unserem damals Zweijährigen zum Eltern-Kind-Turnen. Da wurde nämlich am Anfang und am Ende immer gesungen und die Lieder gingen ungefähr so: »Wir geben uns die Hände, die Stunde ist zu Ende, fiderallala, fiderallala...«

Ich find's total gut, dass es sowas gibt und dass die Kinder da keine Bluesskalen singen, ist eigentlich auch klar. Und echt jetzt, Babyturnen, Babyschwimmen und der ganze Kinderkram, der da noch auf uns zukommt, das ist super und eine Wissenschaft für sich, Pädagogik by the way. Aber wenn da Fiderallala gesungen wird, da muss man schon Humor mitbringen und über sich selbst lachen können, oder? Was macht man nicht alles mit für die Kinder ...

So ungefähr stelle ich mir die Lage übrigens auch für Gott vor, wenn er in manchen unserer Gottesdienste oder Popkonzerte oder Duschkonzerte so dabeisteht und uns bei unseren Liedern und

Übungen zuhört. Der findet's wahrscheinlich auch total gut, dass es sowas gibt – und lächelt leise vor sich hin.

Oder vielleicht singt er ja auch munter mit – fiderallala.

Lifetime Support

Im letzten Sommer haben sich sehr viele Navi-Kunden über ihren Hersteller geärgert, weil sie sich ein Gerät mit sogenannten Lifetime-Maps gekauft hatten, also lebenslange Versorgung mit frischem Kartenmaterial, und nun mitgeteilt bekamen, dass »lebenslang« weder bedeutet »solange du lebst« noch »solange dein Navi lebt«, sondern: solange das Produkt (Zitat) »unterstützt wird«. Also: Es gibt Updates so lange, wie es Updates gibt. Ein Gerät hat (Zitat) »das Ende seiner Lebensdauer erreicht, wenn dieser Support nicht mehr besteht.«

Mal davon abgesehen, dass mich reine Navigeräte irgendwie an Wählscheibentelefone erinnern: An dunklen Tagen kommt es mir auch schon mal so vor, als hätte Gott den Supportvertrag einseitig gekündigt. Und ja ... vermutlich geht ihm das mit mir genauso.

Unterm Strich aber und hier nochmal zum Mitschreiben: Bei Gott heißt »lebenslang« tatsächlich »lebenslang«. Seine Routenempfehlungen sind auf den ersten Blick schon mal etwas sonderbar. Aber

wer's besser weiß, darf gerne Umwege und Abkür-
zungen versuchen. Wie eine gute Navi-App sam-
melt er uns auf Zuruf überall wieder ein. Kostenlo-
se Updates sind kein Thema. Nur: Herunterladen
musst du sie natürlich selbst.

Freundschaft, Ehe oder Scheidung?

Sätze mit nie und immer

Wenn ich groß bin, schreibe ich vielleicht mal ein Buch. Es soll heißen: »Die 2500 besten Tipps für ein grauenhaftes Beziehungsleben« – Lektion 1: »Sätze mit nie und immer«. Sätze, in denen die Worte »nie« oder »immer« vorkommen, finde ich extrem gefährlich, also zum Beispiel: »Nie hörst du mir zu«, »Du denkst immer nur an dich«, »Immer muss ich alleine aufräumen« oder »Nie kümmerst du dich mal um die Küche«.

Meine Empfehlung: Achte auf Sätze mit »nie« und »immer«. Wenn du eine Beziehung vergiften willst, dann sind sie super. Sätze mit »nie« und »immer« sind das perfekte Gift, sie lassen dem anderen keine Chance. Du merkst es an der Reaktion – bearbeite Dein Gegenüber mit gezielten »nie-und immer«-Sätzen, am Schluss ein fettes »Du bist halt einfach so«.

Profis tarnen sich mit Formulierungen wie »in der Regel«, »normalerweise«, »sehr selten« oder »fast ständig«. Das sind versteckte »nie-und-immer«-Sätze und das Gift wirkt nur langsamer und unmerklich.

Sehr cool ist es, wenn man das gecheckt hat und in Freundschaften, Lebensgemeinschaften und Eheleben solche Sachen bemerkt und zusammen drüber lachen kann. Denn »nie« ist eigentlich nie wahr, »nie« ist ein Gefühl. Gemeint ist: Ich bin mit etwas unzufrieden und schieb es schon viel zu lang vor mir her, mit dir mal drüber zu sprechen.

Wo bist du nur gewesen?

Wenn ich mit Leuten spreche, die sich nach einer glücklichen Liebesbeziehung sehnen, die einfach nicht zu kommen scheint, sag ich schon mal ganz gerne solche alten Weisheiten wie: »Die Frau Deines Lebens ist schon geboren.« »Der Mann Deiner Träume läuft schon auf Deinem Planeten herum.« Und dann ergänzend: »...Vielleicht habt ihr einander sogar schon gesehen und es noch nicht bemerkt.« So 'n bisschen wie die zukünftige Frau von Ted Mosby aus How I Met Your Mother, die mit dem gelben Regenschirm.

Aber um das Ding mal klarzustellen, um es so richtig gut zu formulieren, müsste man das eigentlich umgekehrt sagen: Für den Menschen, dessen Traumpartner und ganz große Liebe du sein wirst, bist du schon geboren und läufst schon auf seinem oder ihrem Planeten herum. Da draußen ist jemand, auf dessen Frage du die Antwort bist. Klingt nach Wortklauberei, ist mir aber egal. Liebe heißt für mich nicht, dass ich endlich kriege, was ich so gerne haben wollte, sondern dass ich endlich für jemanden sein darf, wonach er oder sie sich so sehr gesehnt hat, dass man sich fragt: Wo bist du nur die ganze Zeit gewesen?

Scheidungsgrund: Hunger

Meine Frau und ich waren uns schon lange vor der Hochzeit in einer Sache sicher: Sollten wir je geschieden werden, dann vor dem Essen. Nach dem Essen ist alles halb so wild, mit vollem Bauch kann man über alles reden. Aber vor dem Essen, wenn wir hungrig sind, dann brennt hier die Luft. Ja, wenn wir Hunger haben, dann gibt es nichts zu diskutieren, da muss gehandelt werden: LOS DER TISCH MUSS GEDECKT WERDEN DAS ESSEN BRENNT AN IST DA SCHON WIEDER ZU WENIG SALZ IM NUDELWASSER WARUM IST DIE SPÜL-MASCHINE NICHT GELAUFEN ICH HAB NOCH TERMINE WARUM HAST DU NIX GEKOCHT WAS IST DAS GRÜNE UND WAS IST DENN SCHON WIEDER WIESO NIMMST DU SO VIEL ICH WILL AUCH WAS DAVON!!

Aus so 'ner Story könnte man jetzt eine echt moralinsaure Predigt machen, von wegen Gier und Hass und Hungersnot und Armut hier und Reichtum da auf der Welt, und dass Not zu Krieg führt und so weiter...

... und stimmt ja auch, aber für heute möchte ich es eigentlich lieber bei einem simplen Tipp für ein gutes Beziehungsleben belassen: Egal ob Freundschaft, WG, eingetragene Lebenspartnerschaft oder Ehe: Stressige Dinge nie vor dem Essen diskutieren! Streit besser satt austragen als hungrig ... Lieber 'ne kleine Vorspeise, selbst wenn dann vom Hauptgang was überbleibt.

Das löst nicht jedes Problem, kann aber Katastrophen vermeiden. Die Probleme löst man dann nach dem Essen – am besten gemeinsam.

Sich entschuldigen

»Ja, 'Tschuldigung!!« Wenn mir irgendwas extrem auf die Nerven geht, dann sind das schlechte Entschuldigungen. Für ganz miesen Stil halte ich es, wenn Leute »sich entschuldigen«, statt um Entschuldigung zu bitten oder gar um Verzeihung.

In den Nachrichten: Herr XY hat sich bei den Opfern seiner Machenschaften entschuldigt, die jetzt wahlweise arbeitslos, obdachlos oder hoffnungslos sind. Beispiele gibt's ohne Ende ...

Wenn ich anderen gegenüber Schuld auf mich geladen habe, dann kann ich sie nur um Entschuldigung bitten, ich kann mich nicht selbst entschuldigen.
»Ich hab Dein Auto zu Schrott gefahren, 'Tschuldigung« »Ah ... kein Problem!«
»Ich habe Sie durch meine üble Nachrede sehr verletzt, ich entschuldige mich!« »Ah, wie praktisch, dann brauche ich Ihnen ja nicht mehr zu verzeihen ...«

Bevor ich jetzt noch zickiger rüberkomme, mache ich einfach mal einen Vorschlag: Teste es! Teste mal, wie es sich anfühlt, jemanden um Entschuldigung zu bitten. Ist doch viel größer, wenn der oder die dir dann verzeiht. Genau das ist es: Sich entschuldigen ist Kinderteller, aber um Verzeihung bitten, das ist was Großes. Und wenn dir dann auch noch vergeben wird – super!

Weggedrücktwerden

Früher, als die Telefone runde Wählscheiben hatten, da verstand man unter »Wegdrücken« noch sowas total Physisches. Da wurde man vielleicht mal im Gedränge an der Eisdiele weggedrückt oder beim Fußball auf dem Weg zum Tor. Heute, wo alles noch viel geiler ist, gibt's Wegdrücken vor allem am Handy...falls da überhaupt noch Knöpfe dran sind: Wenn ich jemanden anrufe, und der kann oder will oder darf oder sollte besser nicht drangehen, dann drückt er mich weg. Rote Hörertaste oder so, und dann krieg ich nach ein paar hoffnungsvollen Freizeichen plötzlich ein »Besetzt«, vielleicht noch einen Textbaustein als SMS.

Ich mit meinen Selbstzweifeln bekomme dann immer direkt so Fantasien und noch mehr Selbstzweifel. Dieses Besetztzeichen gehört echt zu den ganz ätzenden Geräuschen, oder? Besetzt heißt: Du bist gerade nicht wichtig genug, du bist höchstens die Nummer zwei auf meiner Liste, ich bin gerade mit jemand oder etwas Wichtigerem befasst – bitte nerv jetzt nicht mit deinem Geklingel!!!

Deswegen lautet mein Credo: niemals wegdrücken! Lieber mal die Taste suchen, mit der ich den Anruf lautlos stellen kann, das fühlt sich für die Anrufer einfach besser an, als so ein Besetzt-Tuten. Gott drückt ja auch keinen weg, obwohl er bestimmt extrem busy ist. Ich hab gehört, es gibt jetzt bald sechs Milliarden SIM-Karten für gut sechs Milliarden Erdenbürger, Gott muss echt 'ne sensationelle Anruferliste haben, und er ist ja da und nicht weg, also sechs Milliarden Anrufe in Anwesenheit, unglaublich ...

Effectuation

In der wissenschaftlichen Erforschung von erfolg-
reichen Unternehmensgründern geht es oft um
die Frage, wie Leute erfolgreich mit Ungewissheit
umgehen – wenn ich also über die Zukunft fast
nichts aussagen kann … wenn ich vielleicht so eine
vage, unternehmerische Idee habe, aber eigentlich
noch kein richtiges Produkt und auch noch keine
Käufer und noch kein fertiges Konzept, wie der
Laden laufen soll.

Experten für solche Situationen, man nennt sie
auch Entrepreneure, erkennt man dabei quasi am
offenen Kühlschrank: Entrepreneure fragen sich
da nicht, was ihnen für das perfekte Menü fehlt,
und schreiben dann einen Einkaufszettel. Nein,
erfolgreiche Gründer, Entrepreneure und Innova-
teure fragen sich: Was kann ich aus den vorhan-
denen Zutaten im Kühlschrank zubereiten? Und
wen könnte ich einladen, mit mir zu kochen und
etwas mitzubringen, neue Zutaten oder auch neue
Ideen? Vielleicht kochen wir dann auch etwas
ganz Neues. Oder wir starten ein Kochblog oder
gründen ein Kochbuchstartup oder whatever.

Klingt für mich ziemlich biblisch. Und nach einem guten Konzept für mein Leben: kochen mit dem, was im Kühlschrank ist. Leute einladen. Mal sehen, was rauskommt.

Kollege kommt gleich

Wenn ich im Restaurant sitze und so richtig Hunger habe, dauert einfach alles viel zu lange. Kellner kommt vorbei, ich winke, er so: »Kollege kommt gleich.« Nur, der kommt und kommt und kommt nicht. Oder super ist auch diese Szene, die sich immer wiederholt, wenn ich zahlen will:

Ich sag »Zahlen bitte« und dann kommt jemand und bringt mir die Rechnung für meine Pizza in einer edlen Kunstledermappe, legt sie auf den Tisch und verschwindet ...

Der ist weg, sag ich mir ... ist der nach Hause gegangen? Ich will nach Hause, ich will zahlen, ich muss los ... Ich sehe einen anderen Kellner, ich winke »Zahlen«, der sagt: »Kollege kommt gleich« ...

Können die sich nicht mal gegenseitig vertreten?! Geht das hier alles nur nach Tischnummer?! Kann der nicht sagen: »Hm, der Kollege ist busy, ich übernehme mal für ihn?«

Und wo wir schon dabei sind: Wäre das nicht auch eine starke Idee für die Art und Weise, wie wir mit Problemen um uns herum umgehen sollten? Wenn ich als Christ an Sachen wie Not, Hunger, Einsamkeit, Krankheit, Klimakatastrophe und was es so alles gibt auch ständig vorbeirenne von wegen »Kollege kommt gleich« – die könnten sich dann auch fragen, ob Jesus schon nach Hause gegangen ist, oder?

Opportunity creation

In der wirtschaftswissenschaftlichen Entrepre-
neurshipforschung geht es um solche Dinge wie
Gründergeist, Unternehmensaufbau, Startups,
Geschäftsmodelle und ganz besonders um die
»unternehmerische Gelegenheit«, also um Chan-
cen für unternehmerischen Erfolg. Und davon
gibt es drei Arten:

Bei der ersten weiß ich schon, was ich verkaufen
will und wem. Zum Beispiel Eis an durstige Kinder. Muss dann nur noch den richtigen Ort und die
richtige Zeit finden.

Bei der zweiten Variante kenne ich nur eines von
beidem: Produkt oder Markt. Vielleicht habe ich
'ne tolle, innovative Technologie und muss aber
noch ein brauchbares Produkt draus machen.
Oder der Markt schreit nach effizienteren Batte-
rien, wenn ich die günstig entwickeln könnte, gingen sie weg wie geschnitten Brot.

Bei der dritten Variante weiß ich noch nicht, was ich verkaufen will und auch nicht wem. Vielleicht habe ich nur so eine Idee – oder auch einfach nur Lust, mich selbstständig zu machen.

Manche Gelegenheiten muss man also einfach erkennen. Manche muss man aktiv entdecken. Und manche muss man kreativ erschaffen, aus dem Nichts quasi.

Klingt wie ein gutes Gleichnis.

Fahrkartenautomaten

Ich hasse Fahrkartenautomaten. Ich hasse sie, ich hasse sie, ich hasse sie. Typische Szene: Ich will eine einfache Fahrt zu einem Ort ganz in der Nähe lösen, und das verflixte Ding bietet mir nur eine kombinierte Hin- und Rückfahrkarte, ein Wochenticket oder eine Monatsspezialkarte. Der uniformierte Mitarbeiter neben dem Automaten ist nicht zuständig. Da müsse ich halt zum Serviceschalter oder wie das heißt. Hier kosten die Fahrkarten allerdings eine Servicegebühr extra. Ich habe keine Zeit und möchte am liebsten einfach wieder nach Hause.

Wie ich mich so aufrege, wird mir auf einmal klar: Vermutlich präsentiert sich meine Kirche auch nicht immer viel sympathischer als dieser Fahrkartenautomat. Jemand will sein Kind zur Taufe anmelden, aber das Pfarrbüro hat dauernd zu. Jemand möchte an einem Freitag heiraten, aber freitags gibt's nur Beerdigungen. Jemand möchte den Pastor sprechen und erreicht einen AB mit dreiminütiger Ansage ohne Aufnahmefunktion. Jemand möchte noch eine Kerze anzünden, aber die Kirche wird jetzt gleich geschlossen, sorry! Jemand sucht einen Gottesdienst, der auch Jugendlichen gefällt: »Hamwanich, tut uns leid.«

Bevor ich wegen unfreundlicher Leute oder Automaten weiter rumzicke, werde ich erst mal an meiner eigenen Freundlichkeit als Kirchentyp arbeiten. Versprochen.

Wer betet dann für die?

Meine Kollegin arbeitet in einem Altenpflegeheim. Sie besucht da jede Woche eine 92-jährige Dame, die mittlerweile ziemlich müde und gebrechlich ist. Die ist schon echt pflege- und hilfebedürftig. Und fromm.

Und die sagt in etwa: »Eigentlich reicht mir meine Lebenszeit, ich hab genug gesehen und genug erlebt, ich fühle mich müde und könnte jetzt eigentlich abtreten. Aber ich werde hier noch gebraucht«.

»Warum?« – fragt meine Kollegin.

»Na...«, sagt sie, »ich hänge nicht an meinem Leben, aber wer betet dann für all die anderen hier, wenn ich nicht mehr da bin?«

Das hat mich sehr angerührt, und das Beste, was mir dazu einfällt, ist folgende Bitte: Wenn ein paar von euch mal kurz für die alte Dame beten würden – und für all die anderen Pflegeheimbewohner –, das fände die sicher prächtig. Und by the way, viele von uns werden auch irgendwann ziemlich pflegebedürftig sein.

Lenkzeiten und Denkzeiten

»Der Mensch denkt, Gott lenkt«: Als ich im Sommer mit dem Reisebus aus Italien nach Hause fuhr, fiel mir nach gut sieben Stunden Fahrt diese großartige alte Weisheit wieder ein und entlockte auch unserem freundlichen Fahrer Sigi ein heiteres Lächeln.

Der Mensch denkt, Gott lenkt. Da könnte man sich auch mal daran erinnern, dass es für Busfahrer vorgeschriebene Lenkzeiten und Pausenzeiten gibt ... Womit wir bei der Frage wären, ob es bei Gott auch gewisse Zeiten gibt, in denen er lenkt, und andere, wo er mal Pause macht.

Mir kommt es zumindest so vor, als wäre ihm das richtig ernst mit der Idee, dass wir Menschen im Prinzip frei sind, zu tun und zu lassen, was wir wollen, und dass er sich da nicht einfach einmischt. »Der Mensch denkt, lenkt Gott?« Der Reisebus, die menschliche Freiheit, Gottes Handeln, vorgeschriebene Lenkzeiten: Wie sieht es denn eigentlich mit vorgeschriebenen Denkzeiten aus, also für die Menschen jetzt, meine ich. Ist ja leicht gesagt, dass die Welt anders aussehen könnte, wenn Gott etwas mehr lenken würde, aber ist es nicht auch irgendwie so, dass die Welt besser aussähe, wenn wir Menschen etwas mehr denken würden? Oder wenigstens ab und zu mal das Herz einschalten und fühlen oder sogar mitfühlen, wie es den andern gerade so geht, das müsste ich doch hinkriegen, oder?

Polizeigewerkschaft

Als mein Bruder sich damals als Azubi sein erstes Auto kaufte, klebte er gleich am ersten Tag einen sonderbaren Aufkleber in die Scheibe, wie ich ihn auch heute immer wieder an irgendwelchen Fahrzeugen sehe: Das Ding ist von der Polizeigewerkschaft. Im Netz finden sich sehr lustige Diskussionen darüber, ob man mit einem solchen Aufkleber weniger Knöllchen kriegt, bei Kontrollen durchgewunken wird oder auch als Privatperson mit Blaulicht und Martinshorn fahren darf.

Über solche Polizeiaufkleber amüsiere ich mich gerne. Aber was ist eigentlich mit Kreuzen und Rosenkranzketten am Rückspiegel, was ist mit der Christophorusplakette am Armaturenbrett? Mein Bruder heißt übrigens Christoph, das hätte doch viel besser gepasst ... Aber mal im Ernst: Bringt das was? Retten Gott und seine Heiligen am Unfallort zuerst diejenigen, die solche Symbole mit sich führen? Fahren solche Autos sicherer?

Ich schätze mal: eher nicht. Aber vielleicht ist es trotzdem eine gute Idee, was Heiliges mit sich zu führen. Ich bin auch nicht so der Christophorusplakettentyp, aber ein Foto von meinem kleinen Sohn auf dem Handydisplay, ein Foto von meiner Süßen im Portemonnaie, das ist 'ne sehr gute Sache: Die beiden erinnern mich daran, dass ich noch gebraucht werde. Und dass in den anderen Autos auch Väter und Söhne und Töchter und Mütter und Geschwister und Freunde von irgendwem sitzen. Die werden auch noch gebraucht.

UPS-Fahrer Gottes

Es ist ein sonniger Morgen, ich steige auf die Vespa, starte die Maschine, sie freut sich wie 'ne Wilde und schnappt nach Benzin. Raus auf die Straße und durch die Felder, ein großartiges Gefühl – als läge der Sommer mir zu Füßen ...

Wann hast du in diesem Jahr den ersten Sommer abbekommen? Und wem hast du davon erzählt? Wie viel Sonne hast du schon weiterverschenkt? Wann warst du Bote der Leichtigkeit?

Das ist keine Nebensache, denn wir sind Lieferanten Gottes, sind seine UPS-Fahrer und DHL-Expressboten. Er will, dass wir für ihn liefern: seine Sonne, seine Freude, seine Hoffnung – seine Liebe. Es kommt darauf an, dass wir unseren göttlichen Paketdienst ordentlich machen. Dass die Kunden seine Sendungen bekommen.

Versuchst du dabei alles Mögliche? Suchst du auch die versteckten Hausnummern, fragst du die Nachbarn, machst du neue Zustellversuche, wenn es ums Freude- und Hoffnungverschenken geht? Gib nicht vorschnell auf! Kleb Zettel an die Tür, dass du wiederkommst, lass die Hoffnung nicht im Paketzentrum verstauben oder zurück an den Absender gehen. Stelle sicher, dass Sonne, Licht, Hoffnung, Frühling, Sommer, Leben bei den Menschen ankommen, die du triffst – sie brauchen es alle!

Sauberer Abgang

Priority Exit

Wenn man mit dem Flugzeug irgendwo hin will, gibt es mittlerweile sogenannte Boarding-Klassen. Früher, als natürlich alles besser war, kamen am Gateway zuerst Familien mit Kindern dran, Leute mit Handicap und Passagiere erster Klasse. Mittlerweile kann ich bei der Buchung Features wie »Priority Boarding« dazuklicken, dann stehe ich auch in der ersten Reihe. Was mir persönlich eigentlich total egal ist, wenn ich nicht gerade so einen Drängelflieger gebucht habe mit »wer zuerst kommt, sitzt wo er will«.

Interessanter fände ich eigentlich »Priority Exit«: So eine Art Komfortausstieg aus dem Flieger, ohne Drängelei und Handgepäckgezerre, ohne weite Wege mit weinenden Kindern auf dem Arm und ewiges Warten am Gepäckband oder bei der Einreisebehörde.

Am Zielflughafen des Lebens geht es, glaub ich, vielen so ähnlich. Ich jedenfalls hab echt Angst vor einem komplizierten Ausstieg und hoffe, dass mein Lebensende ohne schwere Krankheiten, Schmerzen oder andere Verzögerungen an der

Landesgrenze abgeht. Und sagen wir es mal so: Hoffentlich gibt es am Zielflughafen meines Lebens freundliche Mitreisende und nettes Personal bei der Einreise ins Neue – eben Priority Exit.

Schneller Abgang

Ein Freund von mir hat das beneidenswerte Talent, von Parties, Festen und offiziellen Anlässen immer unkompliziert kurz und schmerzlos zu verschwinden. Egal ob nach einer Viertelstunde oder nach einem kompletten Grillabend mit 120 Gästen: Zack, weg ist er. Und: Niemand ist ihm böse, man schmunzelt und findet das ganz eigen und irgendwie sympathisch. Man behält sein freundliches, verschmitztes Lächeln in Erinnerung, bis wir uns – ebenfalls freundlich lächelnd und immer wertschätzend – mal wiedersehen.

Hand aufs Herz: Ich beneide den Mann extrem, weil ich nicht enden wollende Abschiedsszenen so unglaublich anstrengend finde. Hier noch »Tschüss« und da noch »Auf Wiedersehen«, hier wieder ins Gespräch verwickelt und da noch mal: »Wie machen wir das morgen?« Wenn ich das nicht mitmache, fragt sich wieder jemand, ob wir Streit haben oder warum ich so unhöflich war, einfach nur zu winken und zu verschwinden. Man fragt sich: Hat ihm was nicht gepasst, geht's ihm schlecht?

Mit meinem Lebensabschied, also mit meinem Lebensende, wünsch ich es mir übrigens auch so wie bei meinem Freund: Ich möchte gerne den Grillabend meines Lebens noch genießen und dann ganz unkompliziert gehen dürfen, ohne dass jemand allzu traurig oder allzu böse ist. Und dass man sich vor allem an mein hoffentlich freundliches Lächeln erinnert – bis wir uns irgendwann wiedersehen – der Treffpunkt ist bekannt.

Nummern statt Namen

Vor einiger Zeit hatte ich dienstlich mit einer freundlichen Vertreterin einer Großhandelskette zu tun. Die war total nett und hat sich super um alle meine Fragen gekümmert, obwohl wir keine Großeinkäufer sind, sondern eine kleine Kirchengemeinde, die eher sparen muss. Weil dann wegen der Kundenkarte noch was zu regeln war, gab mir Frau Lucy Müller, so nenne ich sie jetzt mal, ihr Kärtchen. Die E-Mail-Adresse lautete in etwa so: kundenberater9807@diesegroßmarktkette.de

Ja, klar: Es gibt im Frühsommer kaum was so Lebenswertes wie den gigantischen Ferieneinkauf bei besagtem Großhändler für unsere Jugendreise ans Meer. Aber bitte: Erstens war Frau Lucy Müller kein Kundenberater, sondern eine sehr sympathische KundenberaterIN. Zweitens wecken solche anonymisierten E-Mail-Adressen den nicht so sympathischen Verdacht, dass die Mitarbeiter leicht austauschbar bleiben sollen.

Eine Großhandelskette ist sicher keine Bibelgruppe, aber ich wollt's einfach mal sagen: Gott vergibt ja schließlich auch keine Nummern, die gerade frei sind, sondern er ruft uns beim Namen. Und selbst wenn wir mal den gleichen haben, er kennt uns und löscht unseren Useraccount auch dann nicht, wenn wir irgendwann zu Staub zerfallen.

Jüngster Waschtag

Meine Frau sagt: Das kann doch gar nicht sein, dass der Wäschekorb schon wieder voll ist! Wir hatten doch eben erst alles gewaschen und sauber in den Schrank gelegt. Wie ist es möglich, dass immer irgendwas schon wieder schmutzig ist und gewaschen werden muss?« Wir lächeln uns an und sie sagt: »Eines Tages werden wir es schaffen, alles wird sauber sein und rein, und wir schwitzen nicht mehr und es gibt keinen Staub mehr und keinen Dreck, an dem wir uns beschmieren, und alles bleibt sauber – eines Tages, am Tag der Tage …«

Gott sagt, dass es ihm genauso gehe. Er kapiert das auch nicht, dass wir nicht mal sauber bleiben können. Aber er lächelt uns an und sagt, er wasche uns auch weiterhin gerne und immer wieder sauber, so gut es geht. Und er sagt auch, dass da irgendwann so ein Waschtag komme, so ein Badetag, da würden wir uns alle frisch gereinigt und clean und sauber treffen – und bleiben es für immer.

Heliumleben

Wusste ich nicht, kam letztens im Radio: Helium kommt aus der Tiefe unseres Planeten und verschwindet von dieser Erde, sobald es zutage tritt. Für immer. Also, wenn ich mit der Gasflasche Mickymausstimmen mache oder bei einer Hochzeit Ballons zum Himmel steigen lasse, steigt das Helium anschließend in der Erdatmosphäre immer weiter auf und verflüchtigt sich dann ins Weltall. Kein Regen dieser Welt bringt es zurück, ist dann einfach weg.

Gutes Bild für unser Leben. Wir kommen auch irgendwie aus der Tiefe ans Licht. Ab da läuft die Uhr. Mit etwas Glück sehen wir die Dinge mit wachsenden Jahren auch immer mehr im Überblick und von oben. Gelegentlich bringen wir Leute zum Lachen, nicht nur mit lustigen Stimmen und hoffentlich auch mal uns selbst. Hochzeiten und andere Höhenflüge kommen auch vor – so Gott will.

Und irgendwann verflüchtigen wir uns mit unseren Heliumleben in die Unendlichkeit. Sind dann nicht weg. Nur anders hier.

Nachwort von Klaus Nelissen

Die Krux bei »Kirche im Radio« ist ja, dass sie dem Auftrag Jesu gefährlich nahekommt: Der hat ja gesagt, wir sollten die Botschaft bis an die »Hecken und Zäune« bringen. Und im öffentlich-rechtlichen Radio ist die Kirche tatsächlich »Zaungast«. Kirchenverkündigung bei einem Sender wie dem WDR besitzt dank der Medienstaatsverträge Gastrecht. Da hilft es, sich erst einmal umzuschauen. Radio ist ein Nebenbei-Medium, Gott erreicht die Menschen beim Abwasch, unter der Dusche, im Stau – eben da, wo das Radio läuft. In Europas größter Jugendwelle, bei 1LIVE, ist das nicht anders: Die Hörer wollen eigentlich Musik hören, gute Comedy, entspannte Moderatoren, vielleicht die Nachrichten. Und dann kommen wir. Wie »der Dieb in der Nacht«. Wir kommen irgendwann vor im Programm und überraschen mit maximal 90 Sekunden Monolog. Eine Unterbrechung. Ungefragt.

Wir von der Kirche sind hier extrem weit weg von unserer Komfortzone – auch sprachlich. Wir schwimmen ganz weit draußen. Und keine eingeübte Glaubens-Floskel kann uns retten. Zwei Dinge helfen hier: Haltung und Unterhaltung.

Haltung bedeutet, den eigenen Standpunkt zu kennen – eine Theologie zu haben und hinter der zu stehen. Ohne die wird es beliebig. Aber Haltung ohne Unterhaltung ist sperrig wie ein Klotz. Besonders in einem Medium wie 1LIVE. Im Radio entscheiden die Hörer von Sekunde zu Sekunde und meist unbewusst, ob das Gehörte für sie relevant ist oder nicht. Wer nicht will, dass auf Durchzug gestellt will, sollte sportlich den Ehrgeiz haben, anzukommen. Also: Keine Angst, unterhaltsam zu verkünden. Helmut Thoma hat gesagt: »Der Köder muss dem Fisch schmecken, nicht dem Angler.« Der Satz des RTL-Gründers hat ein Geschmäckle, ist aber im Grunde kein schlechter Rat für Menschenfischer. Unsere Botschaft sollte im besten Sinne delikat sein, von »delectare«, was »erfreulich« und »unterhaltsam« heißt, im kulinarischen Sinne aber auch einfach: »lecker«.

Florian Sobetzko ist ein Autor, der es für die 1LIVE-Zielgruppe versteht, immer wieder neu, immer wieder originell, leckere Gottes-Gedanken zu schreiben. Ein kurzer »Ohrenschmaus«: nicht eifernd, nicht anbiedernd, nicht billig menschenfischelnd, sondern gerne auch mal irritierend und anstößig – aber stets wortgewaltig und unterhaltsam.

Noch was zum Menschenfischen: Ich kenne Florian schon seit meiner Jugend, die durchaus von Suche und Unsicherheit geprägt war. Er ist ein hervorragender Menschenfischer. Sein beharrliches Werben für die Freude an der Theologie hatte mir entscheidend Geschmack gemacht an dem Gedanken, das Studium aufzunehmen.

Dass seine schönsten 1LIVE-»Ohrenschmäuse« jetzt sogar auf stillen Örtchen gut lesbar vorliegen können, das freut mich also nicht nur Fan von guter Klolektüre, sondern auch auf einer sehr persönlichen Ebene.

Klaus Nelißen ist Journalist, Theologe und Seelsorger des Bistums Münster. Seit 2011 verantwortet er als stellvertretender WDR-Rundfunkbeauftragter die Radioverkündigung bei Kirche in 1LIVE. Zu seinen Hauptaufgaben gehört es, die kirchlichen AutorInnen inhaltlich wie performativ zu begleiten und kontinuierlich zu qualifizieren.